RÉPONSE

DE

MESSIEURS

BORDE, TELLENNE ET BARNÉOUD

A

M. DAUSSEL

RAPPORTEUR DE LA COMMISSION DES MARCHÉS.

AIX
IMPRIMERIE J. NICOT, SUR LE COURS, 55,
—
1872.

RÉPONSE

A

MONSIEUR DAUSSEL

DÉPUTÉ

RAPPORTEUR DE LA COMMISSION DES MARCHÉS.

Dès que, par l'*Officiel* du 15 novembre, nous avons eu connaissance du rapport de M. Daussel, nous lui avons adressé la lettre suivante. Cette lettre étant restée sans réponse, nous avons cru qu'il était de notre dignité de publier le mémoire justificatif ci-après, laissant à MM. les députés et à l'opinion publique le soin de se prononcer sur les injustes accusations dont nous avons été l'objet.

« *Rousset, le 27 novembre 1872.*

« Monsieur le Député,

« Je viens de lire dans l'*Officiel* votre rapport sur les marchés pour l'appro-
« visionnement de Paris, dans les derniers jours de l'Empire, sous le Ministère
« Duvernois.

« Je ne doute pas, Monsieur le Député, que votre travail ne soit conscien-
« cieux ; mais quelqu'impartial qu'on désire être, on peut se tromper, et c'est
« ce qui vous est arrivé involontairement.

« En voulant condenser les faits, vous les avez trop généralisés.

« Quelques lignes me paraissent utiles pour dégager ma situation qui n'a rien
« de commun avec celle de certains fournisseurs dont vous parlez dans votre
« rapport.

« Si, dans votre travail, vous vous borniez à l'exposé contenu sous la rubri-
« que : *Marché Borde et Tellenne*, il me suffirait de relever quelques erreurs ;
« mais à un moment donné vous confondez tout : ingénieurs, négociants, jour-
« nalistes, financiers, lieutenant de gendarmerie, banquiers, baronne de contre-
« bande, dites-vous, que vous classez presque tous sur la même ligne, et vous
« ajoutez : Voilà les choix faits par M. le Ministre.

« Sans prétendre ni attaquer, ni défendre les personnages qui sont en scène,
« permettez-moi de vous dire que le marché consenti à MM. Borde et Tellenne
« ayant pour associé M. Barnéoud, a été un marché loyalement exécuté, contre
« lequel vous n'avez rien trouvé à dire.

« Nous ne sommes ni des entremetteurs ni des escompteurs de marchés ; nous
« avons payé de nos personnes et risqué notre argent, risque d'autant plus grand
« qu'on nous a donné huit jours pour fournir 6,000 bœufs, représentant envi-
« ron 3,800,000 francs, et il était parfaitement convenu que ceux venant de
« Province voyageraient à nos risques et périls, et qu'en cas de prise du
« bétail par les Prussiens nous en supporterions seuls les conséquences. Les
« avis officiels disaient que du 24 au 28 août les voies du Nord et de Lyon
« seraient coupées par des uhlans . A cette date nos fournitures étaient très-peu
« avancées.

« En ce qui concerne le bétail, nous nous étions adressés à la province plutôt
« qu'à Paris, car le Ministre absorbait par ses agents, dans la capitale, les arriva-

« ges de tous les pays. Le 28 nous n'avions fourni qu'un chiffre restreint, et plus
« de 5,000 bœufs étaient achetés en province et s'acheminaient vers Paris.
« C'était alors le lundi 29, et, sans la diversion de Sedan, nous eussions perdu
« près de deux millions de francs, puisque M. le Rapporteur constate que le 24
« août Paris devait être investi. Nous étions à ce moment à découvert par caisse de
« 1,200,000 francs , car dans chaque province il fallait payer d'avance la pres-
« que totalité de la fourniture, vu l'état de panique dont les esprits étaient atteints;
« les événements précipités n'ont que trop justifié cette crainte.

« Si un tel marché était à refaire, Monsieur le Député Rapporteur, nous le
« refuserions, le bénéfice présumé n'étant pas à la hauteur du risque couru, à
« moins de souscrire des engagements avec l'intention formelle et préméditée de
« ne pas les remplir.

« Mes anciennes relations de journaliste avec le Ministre n'ont été pour rien
« dans le prix de 1 fr. 15 ; ce n'est qu'incidemment que je me suis trouvé
« devant lui. J'étais dans le bureau de M. Dromel, notre compatriote, aujourd'hui
« rédacteur en chef du *Journal de Marseille*, alors secrétaire au Ministère du Com-
« merce, lorsque le Ministre fut averti de ma présence dans ses bureaux, et me
« fit appeler. Bien que je n'eusse fait aucune visite à M. Duvernois depuis son
« élévation au poste de Ministre, pas plus que je n'en avais fait à M. Ollivier,
« M. Duvernois voulut bien se rappeler nos bons rapports d'autrefois; il connais-
« sait l'activité que je sais déployer, l'aptitude et les ressources financières de
« mes associés, et il nous offrit de concourir dans une certaine mesure, à l'œu-
« vre ardue, et, disons le mot, patriotique, dont il était chargé ; car, sans la cou-
« pable chute de Metz, Paris tenant, la France était sauvée.

« Mais revenons aux personnes.

« Bien qu'ingénieur civil, je comprends le commerce ; j'ai importé dans une
« seule année 40,000 têtes de bétail.

« M. Tellenne ne se qualifie pas seulement de négociant ; il l'est; sa fortune est

« notoire, il a déjà, en Crimée et en Italie, fait des fournitures considérables de bétail

« et autres, aux armées française et anglaise. Un seul renseignement pris sur lui

« à Marseille, où il est domicilié depuis trente-cinq ans, vous aurait éclairé sur

« sa position financière et commerciale.

« M. Barnéoud est fils de banquier, et négociant.

« Il eût été à désirer que toutes les fournitures d'approvisionnement, avant le 4

« septembre comme après, eussent été aussi loyalement exécutées que les nôtres.

« Le prix de 1 fr. 15 était élevé, dites-vous ; nous répondrons : Non, vu les

« risques à courir et les délais imposés. Aujourd'hui même à 4 francs par

« kilogramme, pourrait-on fournir 6,000 bœufs en vingt-quatre heures ? Évi-

« demment non ! Les tours de force se paient.

« Dans le cas qui nous occupe, le prix est donc parfaitement justifié par la rapi-

« dité et la difficulté de la fourniture, par les risques énormes que courait la mar-

« chandise, le bétail n'étant seulement payé qu'après sa livraison.

« Les faits sont déjà loin ; mais ceux qui auraient eu la charge d'appro-

« visionner une ville de deux millions d'âmes, dont l'ennemi n'était qu'à quelques

« jours de marche, eussent fait comme M. Duvernois.

« Vous avez eu soin, Monsieur le Député, de souligner que j'étais cessionnaire

« d'un marché d'avoines pour l'armée de Metz ; en effet, pris à l'improviste par

« les succès de l'armée prussienne, je cherche encore les épaves de ma marchan-

« dise. Si j'allais réclamer une indemnité pour cela, au Ministère du Commerce,

« me l'accorderait-on ?

« Nous tiendra-t-on compte de 77 bœufs, soit 50,000 francs, perdus sur le

« marché de la Villette par le fait des agents de l'administration qui, pendant la

« nuit, ont laissé enlever les barrières des parcs et notre bétail se confondre avec

« celui de l'Etat, qui, jusqu'à ce jour, n'a pas fait droit à nos réclamations ?

« Vous voulez encore bien déclarer qu'en l'absence de tout écrit, de toute

« preuve le droit est pour nous, et que nous sommes couverts par la signature

« du Ministre, qu'il n'existe ni marché ni clause de garantie. Pardon, Monsieur le
« Rapporteur, un marché existait, non sous la forme habituelle, mais une série
« de prix a été signée par nous à un seul exemplaire et elle est demeurée entre
« les mains de M. le Ministre ; les souvenirs de M. Ozenne, secrétaire général,
« étaient parfaitement d'accord avec les faits ; pouvait-on se montrer plus
« confiant ?

« Quant à la garantie, elle était au-delà de toute proportion, attendu qu'il
« nous a fallu avancer par caisse plus d'un million pour le service bétail, avant
« de toucher le premier centime du Gouvernement.

« Comme homme pratique il vous sera facile de comprendre que tous les
« risques pesaient sur nous et que, grâce à la méthode suivie, le Gouvernement
« n'était jamais engagé.

« Relativement à la qualité des bœufs livrés, permettez-nous, Monsieur le
« Rapporteur, de vous signaler une lacune dans votre rapport. En parlant
« d'autres marchés vous dites : La preuve que ces fournisseurs n'ont livré
« que des bœufs de deuxième qualité, existe par ce fait que les
« pesées n'ont donné qu'une moyenne de 497 kilogrammes environ ; or,
« Monsieur le Rapporteur, vous pourrez vous assurer vous-même, en consultant
« les bulletins des pesées faites sur nos livraisons, que nos bœufs ont pesé en
« moyenne plus de 561 kilogrammes, c'est-à-dire le poids des bœufs de
« première qualité.

« Quant aux manœuvres peu loyales qui auraient consisté à faire conduire
« des bœufs à l'abreuvoir avant de les faire passer sur la bascule, nous pensons,
« Monsieur le Rapporteur, que vous n'avez pas voulu faire remonter jusqu'à
« nous cette accusation, et si pareils faits isolés, se sont passés à l'égard de nos
« livraisons, nous n'avons qu'un blâme sévère à adresser à ceux qui s'en sont
« rendus coupables, et surtout à ceux qui avaient le mandat de procéder aux
« réceptions, et le devoir d'empêcher de pareils abus, abus qui n'avaient aucun

« intérêt pour nous, parce que pour la plus grande partie de nos livraisons, le
« poids officiel servait de base au règlement définitif avec nos vendeurs.

« Je me résume :

« Monsieur le Député, blâmez les coupables et non les honnêtes gens.

« Que ceux qui ont trompé l'État soient punis ; que ceux qui ont abusé et
« corrompu les agents, par des libations ou autrement, soient poursuivis ; que
« ceux qui se sont emparés de la marchandise d'autrui soient condamnés ; mais
« que ceux qui ont agi honnêtement, comme nous, ne soient ni mêlés ni
« confondus avec des fournisseurs que vous avez qualifiés.

« Nous mettons qui que ce soit au défi de dire que la plus grande honnêteté
« n'a pas présidé à tous nos actes commerciaux avec le Ministère du
« Commerce.

« Quand donc admettra-t-on dans notre pays que les affaires ne sont le
« privilége d'aucune caste ni d'aucune classe ? En Amérique on peut être épicier
« et ingénieur ; on peut être Président de la République et tailleur ; aborder une
« profession autre que la sienne ne peut être un crime, quand on l'exerce avec
« probité. Laissez donc le principe de liberté faire sa route sans lui barrer le
« passage, tant que la morale et l'intérêt public n'auront pas à en souffrir.

« Recevez, Monsieur le Rapporteur, etc., etc.

« Signé : BORDE. »

Ne voulant discuter, dans un mémoire, que des questions de fait et désirant le dégager tout d'abord des questions personnelles, nous croyons devoir dire un mot sur la manière dont M. le Rapporteur excelle dans l'art de mettre en scène les personnes qui ont traité avec M. le Ministre du Commerce.

« Ce qui frappe d'abord, dit-il, dans le choix de ces fournisseurs, c'est que
« tous sont étrangers au commerce des bestiaux, et que leurs professions parais-
« sent les disposer aussi peu que possible à l'exécution de marchés comme ceux
« que le Ministre leur consentait.

« M. Borde est ingénieur civil ;

« M. Tellenne se qualifiait de négociant à Marseille où, pas plus qu'à Paris,
« il n'avait de relations avec le commerce des bestiaux. N'ayant aucune marchan-
« dise ni aucune spécialité, ils étaient prêts à aborder les fournitures les plus
« diverses. »

Il est bien facile à M. le Rapporteur de faire du roman, mais il lui sera plus difficile de réfuter la vérité.

M. Tellenne ne s'est pas seulement *qualifié de négociant* ; tout le monde sait à Marseille qu'il s'occupe d'affaires depuis trente-cinq ans ; sa fortune immobilière, à Marseille et à Paris, est notoire ; il n'est pas étranger au commerce du bétail, et j'avoue que, sans sa participation, je n'aurais jamais accepté le traité du Ministre.

En effet, M. Daussel aurait pu prendre ses renseignements ailleurs, qu'auprès d'inspecteurs qui font aujourd'hui étalage de leur zèle, après avoir péché, si non par incapacité au moins par imprévoyance. Il aurait alors appris que M. Tellenne avait fait des fournitures de grande importance aux armées de Crimée et d'Italie ; (1) que M. le maréchal Canrobert l'avait choisi comme juge,

----

(1) M. Tellenne a traité :
1° Avec le commissaire anglais, pour fournitures de farine et pour 4,500 bœufs ;
2° Avec l'Intendant militaire de Crimée, M. Blanc de Molins, pour une grande fourniture de bois de chauffage ;

et il a rempli, pendant un an, les fonctions de Président du Tribunal de commerce établi à Kamiesch. Dans ses nombreux traités avec la Guerre il n'a jamais reçu que des félicitations sur l'exécution parfaite et loyale de ses engagements ; on peut s'adresser aux honorables survivants qui ont contracté avec M. Tellenne, et nous mettons au défi M. le Rapporteur de trouver dans les archives de l'Intendance française et anglaise un fait qui puisse, ni de près, ni de loin, atteindre l'honneur de notre associé, n'ayant jamais reçu ni aucun reproche, ni aucun blâme.

Quant à ce qui nous concerne, quoi qu'on ait pu dire, poussé par la passion politique, nous déclarons n'avoir jamais demandé au Gouvernement impérial, ni concession, ni sollicité de marché ayant pour base la faveur et l'intrigue, et, à notre tour nous défions toute preuve contraire.

Voilà les hommes que M. le Rapporteur présente comme n'ayant ni consistance, ni valeur, et il ajoute : « M. le Ministre a accueilli des spéculateurs presque tous « tarés. »

Nous requérons formellement M. Daussel, de déclarer publiquement celui ou ceux des fournisseurs auxquels il applique l'épithète injurieuse que nous venons de citer ; nous faisons toutes réserves au cas où il garderait le silence.

Ceci dit, nous passons au mémoire pour la discussion des faits qui nous sont reprochés.

BORDE.

3° Avec l'Intendant général Blanchot, fournitures de conserves alimentaires ;

4° Avec le même Intendant et sur sa demande, pour les fournitures de pain pour toutes les ambulances de Crimée ;

5° Avec M. Robert, Intendant général, pour la fourniture des presses à fourrage et des fers ;

6° Avec le baron de Ségauville, pour des fournitures aux hôpitaux et ambulances.

MÉMOIRE

EN RÉPONSE

A Monsieur DAUSSEL, Député,

Rapporteur de la Commission des Marchés.

Le *Journal Officiel* du 13 novembre 1872 a publié le rapport fait à l'Assemblée nationale par M. Daussel, député, au nom de la Commission des marchés, sur les faits relatifs aux approvisionnements de Paris avant le siège; il conclut, pour la presque totalité de ces marchés, soit à des réductions, soit à des restitutions.

Dans son travail, M. le Rapporteur a bien voulu reconnaître *que l'approvisionnement de Paris en bétail vivant était une idée aussi* UTILE *que* HARDIE ; mais il a ajouté : *qu'il était impossible de ne pas constater la façon déplorable dont elle a été mise en exécution.*

L'étendue nécessairement restreinte de ce mémoire ne nous permet pas d'insister sur l'immense difficulté d'exécution d'une idée aussi neuve que grandiose et utile au pays ; nous ferons seulement remarquer combien il est facile de blâmer, deux ans après, des mesures prises et *exécutées* sous la pression de nos désastres et des armées ennemies s'avançant sur la capitale, qu'il fallait approvisionner et défendre à tout prix.

MM. Tellenne et Borde étant personnellement attaqués par les paroles du Rapporteur, nous avons le devoir d'établir qu'elles sont inexactes, et nous devons à notre honorabilité outragée, à notre loyauté méconnue, de protester contre le fond et la forme du rapport. — Quoique M. Daussel déclare que nos profits échappent à tout recours et sont couverts par la sanction donnée par M. le Ministre, nous repoussons une absolution aussi perfide; nous voulons que nos actes soient appréciés au grand jour.

Le Rapporteur trouve :

1° Que le prix de 1 fr. 15 est trop élevé, et que, si nous avons été favorisés ainsi, nous le devons à l'amitié qui existait entre M. Borde et M. le Ministre ;

2° Que la marchandise fournie était de deuxième qualité ;

5° Que nos agents ont fait passer plusieurs fois les bœufs à l'abreuvoir avant de les peser ;

4° Que nous avons éludé les ordres de M. le Ministre, défendant le 28 des achats dans Paris ;

5° Que nos bénéfices ont été exagérés.

C'est à ces divers points que nous allons répondre d'une manière précise ; il ne nous sera pas difficile de détruire chacun des arguments ayant motivé un blâme que nous ne méritons pas.

L'*Officiel* du 15 novembre contient les dépositions de M. Clément Duvernois et de M. Ozenne, secrétaire général au Ministère du Commerce. L'un de ces fonctionnaires est encore aujourd'hui à la tête des affaires et le gouvernement de la République l'a délégué auprès des puissances étrangères pour conclure des traités commerciaux. Les dépositions de ces deux hommes d'État expliquent très-nettement dans quelle situation se trouvait le Ministère du Commerce et l'esprit public, du 20 au 50 août 1870. (1) Chaque heure marquait un nouveau revers, Paris devait être investi, d'après les déclarations de M. Ozenne, le 24, et le 22 seulement nous commencions nos achats ; peut-on dire que nous étions dans des conditions normales ? Peut-on traiter des fournisseurs qui ont exposé leur argent dans de pareilles circonstances comme des hommes qui ont exploité l'État ? Evidemment non.

ARTICLE I.

Prix par kilogramme de 1 fr. 15 dû uniquement à l'amitié de M. Borde avec M. le Ministre.

M. Borde a expliqué dans sa lettre à M. Daussel que, ni le marché, ni le prix de 1 fr. 15 n'étaient la conséquence de son ancienne amitié avec M. le Ministre ; que MM. Borde, Tellenne et Barnéoud s'étaient présentés dans les bu-

---

(1) *Séance du 17 janvier 1872.*

PRÉSIDENCE DE M. LE DUC D'AUDIFFRET-PASQUIER.

DÉPOSITION DE M. CLÉMENT DUVERNOIS.

M. LE PRÉSIDENT. Monsieur, la Commission parlementaire a pensé que vous désiriez vous faire entendre par elle afin de lui donner des explications concernant les opérations que vous avez dirigées. Elle a pensé qu'en raison des hautes fonctions que vous avez occupées et de votre caractère, vos explications auraient une grande autorité. Vous voudrez donc bien nous dire quel est l'ordre d'idées dans lequel vos opérations ont été conçues et exécutées. Nous appellerons particulièrement votre attention sur ce fait, qu'après avoir entamé des négociations avec certains fournisseurs, le Ministère leur a fait ensuite une sorte de concurrence en traitant avec d'autres, de sorte qu'il en est résulté une hausse dans les prix. Nous vous prions de vous expliquer à cet égard, bien que la Commission reconnaisse que les préoccupations où vous étiez alors d'introduire, en vue du salut du pays, la plus grande quantité possible d'approvisionnement dans Paris, a dû être un des motifs principaux qui vous ont engagé dans cette voie.

Puis nous vous demanderons des renseignements sur certaines adjudications.

reaux où on recevait les propositions de fournitures, et que ce n'est qu'incidemment que M. Borde s'est trouvé le samedi 20, devant M..le Ministre, en présence de M. le secrétaire général, M. Ozenne, et c'est devant ce dernier que les prix ont été débattus. Le dimanche 21, à quatre heures, une série de prix, signée à un seul exemplaire était remise à M. le Ministre. C'est cette série qui a fait la loi des parties et a constitué notre marché, et c'est ce qui explique comment M. Borde ne tenant aucun engagement des mains du Ministre, était obligé, les 24, 29 et 50 août, d'écrire pour obtenir confirmation des prix acceptés, afin de se faire ouvrir les caisses de l'État et accréditer ses associés auprès des différents chefs de service, chargés de la réception de la marchandise. Les faits sont d'accord avec les dépositions de M. Ozenne.

M. CLÉMENT-DUVERNOIS. Monsieur, c'est au mois d'août, après nos premiers revers que j'ai pris en main la direction des affaires commerciales. Les Prussiens étaient déjà en marche sur Paris, et très-peu de jours après mon entrée en fonctions, le Ministre de la Guerre me dit, dans le conseil, qu'il fallait que l'approvisionnement de Paris fût effectué dans le plus bref délai, parce qu'il lui était impossible de m'indiquer la date de l'investissement, mais qu'il pouvait avoir lieu très-prochainement.

Les premiers marchés conclus l'ont donc été dans cette pensée, qu'il se ferait beaucoup plus tôt qu'il n'a eu lieu en réalité. La marche de Mac-Mahon sur Metz venait, en en effet, d'être résolue.

J'ai besoin de signaler ce fait à la Commission, parce qu'on y trouvera l'explication de la prorogation de certains marchés pour lesquels un délai de dix jours seulement avait été stipulé d'abord, et dont la livraison fut reportée ensuite à huit ou dix jours plus tard. Je subordonnais ma conduite, dans ces circonstances, aux indications que je recevais du Ministère de la Guerre.

Quant à la façon dont j'ai compris mes opérations, je vais vous le dire : Je me trouvais en présence de deux systèmes possibles : l'un consistait à s'adresser à un certain nombre de grands fournisseurs, à les rendre responsables, à exiger d'eux des cautionnements, et c'est à coup sûr le plus régulier, celui qui présente le plus de garanties, et qui permet les marchés les plus avantageux.

Mais, dans les circonstances où je me trouvais placé, ce système était très-difficile à suivre, parce que j'aurais trouvé tres-difficilement de grands fournisseurs présentant les garanties nécessaires et pouvant verser des cautionnements suffisants.

Il faut se reporter à l'époque où ces marchés ont été conclus. Les chemins de fer étaient encombrés non-seulement par le commerce, mais par la guerre. Sur certaines lignes, sur celle du Hàvre, par exemple, l'encombrement était effroyable. Les fournisseurs en étaient extrêmement préoccupés.

Voici du reste ces lettres imparfaitement reproduites par M. le Rapporteur :

Paris, 24 août 1870.

« Monsieur le Ministre,

« Nous continuons à livrer des bœufs à la Villette.

« Nous nous sommes présentés au bureau de M. de Sainte-Marie, toujours à
« la Villette, pour obtenir paiement des marchandises livrées lundi dernier.

« Le caissier qui doit être ou M. Dolles ou M. de Lalubie, a demandé si nous
« avions un contrat, et a ajouté qu'à défaut il ne nous paierait 1 fr. 15 le kilo-
« gramme sur pied, qu'avec un ordre de Son Excellence.

« Vous m'obligeriez beaucoup, Monsieur le Ministre, si vous pouviez faire
« donner l'ordre que réclame le caissier de la Villette. Mon secrétaire, qui vous
« porte cette lettre, pourrait également porter l'ordre en question.

« Je serais retourné chez vous si je n'étais indisposé au point d'être obligé de
« garder la chambre aujourd'hui.

« J'ai l'honneur d'être, etc., etc.

« Signé : BORDE. »

Paris, 29 août 1870.

« Monsieur le Ministre,

« Permettez-moi de venir vous demander la régularisation du marché que j'ai
« eu l'honneur de faire avec Votre Excellence, à la date du 21 août, relative-
« ment à la fourniture de 6,000 bœufs.

« Vous devez vous rappeler, Monsieur le Ministre, qu'en traitant avec vous,
« il avait été convenu que, dès samedi 27, si je n'avais pu remplir mes enga-
« gements, il me serait donné huit jours de plus, bien entendu que les trans-
« ports s'effectueraient à mes risques et périls.

« Samedi dernier et dimanche je me suis adressé à M. le secrétaire général,
« pour lui expliquer cette situation, car nos bœufs nous viennent de Grenoble,
« de Lyon, du Poitou, de Normandie, etc., et je l'ai prié de m'autoriser à livrer
« pendant le cours de cette semaine ; il m'a répondu deux fois dans un sens
« affirmatif.

« Nous avons aujourd'hui 5,000 bœufs achetés ; aussi mon émotion a-t-elle
« été grande quand on nous a, à la Villette, refusé de peser, de recevoir et
« de payer.

« Votre Excellence a bien voulu interpréter mon contrat dans un sens équi-
« table, et je viens vous demander, Monsieur le Ministre, de me faire donner dès
« ce soir, si c'est possible, un ordre ou une lettre constatant :

« 1° Que je suis fournisseur de 6,000 bœufs ;

« 2° Que mes bœufs me seront reçus et payés, en tant que je justifierai par
« des récépissés du chemin de fer que M. Tellenne, *car c'est lui qui livre,*
« *achète en province, et qu'aucun des bœufs dont je demanderai la réception n'a*
« *été acheté sur le marché de Paris.*

« Je vous supplie, Monsieur le Ministre, de bien vouloir confirmer la pro-
« messe que vous m'avez faite à la Villette, car, après le départ de Votre
« Excellence, M. Nicol et le caissier m'ont déclaré que, passé demain, ils ne re-
« cevraient plus rien.

« Une telle décision, si elle n'était pas rectifiée en ma faveur, serait *ma*
« *ruine*; 3,000 bœufs font 1,500,000 francs.

« Je fais appel à votre bienveillance et vous prie, etc., etc.

« Signé : BORDE. »

Paris, 30 août 1870.

« Monsieur le Chef du cabinet de M. le Ministre du Commerce.

« Monsieur,

« Je vous demande pardon de venir vous rappeler la lettre que vous m'avez
« promise au nom de M. le Ministre.

« Mais j'ai besoin de ce titre, pour qu'à la Villette M. Nicol ne refuse ni la
« réception des bœufs, ni le paiement des factures.

« Dans le cas où le temps vous manquerait pour m'écrire, veuillez au moins
« faire donner des ordres à la Villette pour éviter toute nouvelle complication
« demain matin au pesage.

« Veuillez, Monsieur le Chef du cabinet, recevoir, etc., etc.

« Signé : BORDE. »

« *P. S.* — Les ordres doivent être donnés pour les bœufs au nom de
« Tellenne et Borde, *car c'est M. Tellenne qui les livre à la Villette.* »

L'Etat ne payait la marchandise bétail qu'après le pesage et n'était nullement engagé. Les risques et les dangers de prise étaient à notre charge ; nous savions, en traitant, que M. le Ministre avait un contrat avec MM. Cardon et Rollin, pour une fourniture considérable, moyennant une importante commission par tête de bétail acheté, et que le service du commerce représenté par ces messieurs, ainsi organisé, absorbait tous les arrivages à Paris ;— que nous ne pourrions presque rien acheter sur place ;— que dès lors il fallait s'adresser à la Province, et, qu'en conséquence, tous les risques de route et autres étaient à notre charge ;— que les Prussiens seraient près de Paris, le 28, (M. Ozenne dit même le 24, ce que nous ignorions).

Nous étions donc exposés, soit à voir notre marchandise pillée, soit à rester propriétaires des acquisitions en Province, et que nous payions 15 centimes, souvent 20 centimes par kilogramme, de plus que la valeur en temps normal.

Bien que la provenance ne fût pas spécifiée dans la série de prix servant de contrat, il n'est pas moins vrai que 651 bœufs seulement ont été achetés sur le marché de Paris et 5,444 dans les départements.

Ce n'est pas, comme l'a dit M. le Rapporteur, les transports du Poitou, de l'Auvergne, de la Normandie, de Lyon, du Dauphiné qui ont motivé ce prix exceptionnel, ce sont les risques de route pour les bœufs qui venaient du dehors ; c'est l'incertitude de pouvoir tenir nos engagements ; c'est de nous être exposés à perdre deux millions sans aucun recours contre l'Etat. C'est la connaissance que nous avions de l'énorme marché de 20,000 bœufs accordé à MM. Cardon et Rollin qui devait nécessairement faire le vide autour de Paris et augmenter considérablement les prix.

Voici ce que M. le Ministre a dit lui-même à la Commission des marchés :

« Il faut se reporter à l'époque où ces marchés ont été conclus. Les chemins « de fer étaient encombrés non-seulement par le commerce, mais par la guerre. « Sur certaines lignes, sur celles du Havre, par exemple, l'encombrement était « effroyable. Les fournisseurs en étaient extrêmement préoccupés. »

Voilà ce qui justifie le prix de 1 fr. 15 que nous avons demandé et obtenu, et non les anciennes relations d'amitié que M. Borde avait eues avec M. le Ministre.

Cette insinuation aussi malveillante que blessante ne peut être que le résultat de faux renseignements ou d'une légèreté que nous ne pouvons admettre de la part d'un homme d'Etat.

Nous ne craignons pas d'ajouter que personne n'a osé s'exposer à un pareil danger et n'a traité ferme avec M. le Ministre, et on a remarqué dans le rapport de M. Daussel que peu de fournisseurs ont rempli leurs engagements, soit en quantité, soit en qualité, et qu'aucun d'eux n'a couru les chances de route, puisque la presque totalité de leurs achats s'est faite dans Paris (c'est M. le Rapporteur qui nous l'apprend), tandis que MM. Borde et Tellenne n'ont acheté que 651 bœufs dans Paris et 5,444 en Province , dont 77 ont été pris par l'État dans la nuit du 50 au 51 août, par suite de l'ouverture des barrières des parcs, ce qui constitue pour eux une perte de 49,000 francs dus par le Ministère du Commerce.

L'insuffisance de barrières est ainsi constatée dans le rapport de M. Daussel. (Page 7.)

« Ce n'est pas tout, l'administration n'avait rien préparé pour la réception et le pesage des animaux ; il s'est alors produit un désordre incomparable qui a rendu possible toutes les fraudes, etc...

« Confusion à l'arrivée des bestiaux, clôtures insuffisantes *pour les main-*
« tenir, soit avant, soit après *leur réception ; manque de surveillance aux bascules*
« dont le service était confié exclusivement à des préposés d'un ordre inférieur
« trop peu nombreux ; absence de marque pour constater matériellement la ré-
« ception, etc., etc.

D'autre part, voici la lettre que j'eus l'honneur d'adresser à M. le Ministre, le 6 septembre 1870, au sujet de la disparition des 77 bœufs, et sur laquelle nous n'avons jusqu'ici obtenu aucune satisfaction :

Paris, 6 septembre 1870.

« Monsieur le Ministre ,

« Nous avons l'honneur de porter à votre connaissance que nous avons été
« chargés par le Ministère du Commerce d'une fourniture de 6,000 bœufs, à
« nos risques et périls. (1)

« Nous avons complété cette fourniture à la satisfaction de votre dépar-
« tement.

« Nous devons encore vous informer que dans la nuit du 30 au 31 août il
« nous a été enlevé 77 bœufs dont nous demandons le paiement, et voici dans
« quelles circonstances :

« Les bœufs, ainsi que les récépissés du chemin de fer en font foi, ont été
« expédiés de Lyon et sont arrivés en gare de la Villette, le 30 au soir. A cette
« heure le pesage était fermé ; les bœufs ont été placés, ainsi que cela se
« pratique, dans les parcs réservés à cet effet. Ces parcs sont sous la surveillance
« du Gouvernement.

« Dans la nuit du 30 au 31, de nombreux troupeaux furent expédiés au bois
« de Boulogne et les agents ouvrirent les parcs réservés, croyant que les bœufs
« qui les occupaient avaient été pesés et reconnus. Ces animaux suivirent
« naturellement les troupeaux qui partaient.

« Le 31, au matin, nous avons fait constater le fait par l'inspecteur principal,
« M. Nicol.

« Nous avons apporté toute loyauté dans nos relations avec le Ministère et nous
« avons lieu de supposer qu'il nous sera tenu compte d'une marchandise dont
« votre département a profité.

« Le prix résultant de la moyenne des 6,000 bœufs livrés s'élève à environ
« 616 francs ; c'est donc 47,432 francs que nous réclamons.

« Nous vous prions, Monsieur le Ministre, de bien vouloir faire instruire notre
« réclamation et nous faire payer dans un bref délai.

Veuillez recevoir, etc... etc...

Pour MM. Tellenne et Borde,

Signé : BORDE.

---

(1) Nous devons rappeler ici que M. Magnin venait de succéder à M. Duvernois au Ministère du Commerce, M. Ozenne restant toujours secrétaire général.

ARTICLE II.

Qualité de la Marchandise.

Bien qu'il fût convenu avec M. le Ministre que nous ne fournirions que de la bonne marchandise, nous déclarons avoir fourni la première qualité en tout ; à cet égard, M. le Rapporteur commet une erreur, involontaire sans doute, mais que nous sommes obligés de relever, car elle est *des plus graves*.

Il déclare que la preuve évidente, que certains fournisseurs ont donné de la deuxième qualité au lieu de la première, c'est l'infériorité du poids moyen ; nous acceptons son dire.

Ainsi pour quelques-uns des fournisseurs, le poids moyen du bétail livré s'élève de 493 kilogrammes à 498, et pour d'autres aucune livraison n'a dépassé 539 kilogrammes.

Mais ce qu'on oublie de dire c'est que la marchandise Borde et Tellenne s'est élevée à 561 kilogrammes par tête.

C'est donc Borde et Tellenne qui ont fourni la première qualité. Comment se fait-il que, dans les divers rapports, M. Daussel s'appuie sur le poids moyen pour conclure à la première ou à la deuxième qualité, et que, lorsqu'il s'agit de Borde et Tellenne, il n'en soit pas question ? Oui, pour être juste, il fallait déclarer la vérité et dire que le poids de notre marchandise était de 561 kilogrammes. Une telle omission est inexplicable.

Les chiffres que nous venons de donner ne peuvent être suspects, car nous les empruntons à un tableau qui figure dans le rapport de M. Daussel, et ils sont d'accord avec les pesages officiels.

Les vaches qui sont autorisées pour un tiers ou un quart dans les fournitures de guerre, ont été proscrites *par nous,* et souvent les agents de la Villette ont constaté que nos livraisons étaient exceptionnellement belles.

Au surplus, si nous n'avions pas rempli nos engagements avec loyauté, nous n'aurions pas mis en demeure M. le Ministre de faire procéder à l'examen de la marchandise fournie, ainsi que cela résulte de notre lettre du *4 septembre 1870* ; car il est bon de faire remarquer que nos fournitures ont été faites en douze jours : du 22 août au 4 septembre, au lieu de quatorze, terme de la prorogation fixée par M. le Ministre.

« *Paris, 4 septembre 1870.*

« Monsieur le Ministre,

« Nous avons l'honneur de vous informer que nous avons complété toutes les « fournitures dont Votre Excellence avait bien voulu nous charger.

« Nous avons en main les récépissés de toutes les marchandises énumérées ci-« dessus.

« Nous tenons à vous déclarer, Monsieur le Ministre, que toutes nos livraisons « ont été faites avec conscience et loyauté. Or, il nous serait même particulière-« ment agréable, que nos marchandises fussent examinées, et on pourrait se « convaincre qu'elles sont *toutes* de première qualité.

« Nous avons fini notre livraison de 6,000 bœufs ; les inspecteurs ont souvent « constaté que notre bétail était exceptionnellement beau.

. . . .

« Je désirerais, Monsieur le Ministre, en présence des événements, régler et « régulariser ma situation immédiatement.

« Veuillez agréer, etc....

Pour MM. Borde et Tellenne,

« Signé : BORDE »

ARTICLE III.

Que plusieurs fois on a fait passer du bétail à l'abreuvoir avant de le peser.

M. le Rapporteur ajoute : « *On n'a pas craint d'augmenter les bénéfices par des manœuvres peu loyales ; ainsi on a plusieurs fois conduit des bœufs à l'abreuvoir avant de les peser, ce qui augmente le poids.* »

M. le Rapporteur n'a pas voulu faire remonter jusqu'à nous cette accusation, qui ne peut être que le résultat de quelques faits isolés, puisqu'il emploie l'expression : *« Plusieurs fois. »*

Cette observation ne nous a jamais été faite, et nous sommes étonnés qu'elle se produise au bout de deux ans. Pourquoi ne pas nous en avoir informé officiellement par lettre au-moment de la livraison ?

Ceux qui ont vu la Villette du 20 août au 2 septembre 1870 peuvent savoir combien la surveillance du bétail était devenue difficile, puisque l'Etat a pu nous prendre dans une seule nuit environ 50,000 francs de marchandises ; faut-il l'accuser de vol ? D'autre part, quand les bœufs arrivaient à la gare du marché, ils n'avaient souvent ni bu ni mangé depuis deux ou trois jours, et ils attendaient leur tour de pesage quelquefois plus de vingt-quatre heures ; dans ce cas fallait-il que le conducteur laissât périr l'animal ? J'aime à croire qu'il n'y a eu calcul de personne dans les faits cités par M. le Rapporteur, mais que les agents de la Villette cherchent à expliquer aujourd'hui, comme ils le peuvent, leur insuffisance au mois d'août 1870, constatée par M. le Rapporteur.

ARTICLE IV.

Achats dans Paris.

—

DÉFENSE ÉLUDÉE.

M. le Rapporteur écrit : « *Ce n'est que sur les observations des agents du mar-* « *ché que le Ministre songea enfin, le 28 août, à interdire la réception des ani-* « *maux achetés sur place ; mais cette mesure arrivait trop tard.*

« *La majeure partie des livraisons était faite et, en outre, la plupart des* « *fournisseurs qui n'étaient pas en état de se faire expédier directement de la* « *Province, n'étaient pas disposés à cesser leurs opérations.*

« *Ils ont donc continué à acheter sur le marché, éludant sans scrupule la* « *défense faite.* »

Nous ne pouvons admettre ce dire, en ce qui nous concerne. Le 28, nous cessions tout achat à la Villette, nous respections la défense, et du 28 août au 2 septembre nous recevions 5,444 bœufs de la Province. Avions-nous attendu la défense du Ministre pour nouer nos relations ? Aurions-nous pu en quatre jours suffire à notre fourniture, si d'avance nous n'avions acheté en Province ? Six cents bœufs achetés sur le marché de Paris sur un achat de 6,075, *représen-* *tent-ils la majeure partie de la fourniture ?* Avons-nous éludé la défense faite ?

A cet égard nous avons remis loyalement à la Commission ou soit à M. l'Ins pecteur des finances, tous les récépissés des chemins de fer, constatant la prove nance et les arrivages ; oserait-on, en présence de pareilles preuves et pièces et de notre lettre du 29 août, publiée page 15, dire plus longtemps qu'on a éludé sans scrupule la défense du Ministre ?

ARTICLE V.

Bénéfices et moralité.

C'est ici que les calculs de M. le Rapporteur sont complétement erronés ; s'appuyant sur des renseignements inexacts on ne pouvait que conclure à l'absurde.

Nous ne pouvons nous empêcher de reproduire l'article du blâme tout entier ; nous laissons la parole à M. le Rapporteur :

« *Ces profits exagérés échappent à tout recours, et sont couverts par la sanction* « *donnée par M. le Ministre ; mais ce qui vient d'être exposé doit faire apprécier* « *la moralité des fournisseurs et leur habileté à se procurer des marchés avan-* « *tageux. Pour cette fourniture de bœufs s'élevant à 5,875,478 francs, l'État a* « *payé environ un million de plus qu'il n'aurait dû lui en coûter, savoir : pour* « *le surplus de 20 centimes, dont il a été question, 675,000 francs, et environ* « *moitié de cette somme sur le prix de 95 centimes, qui n'aurait dû être appliquée* « *qu'à des premières qualités, tandis que les fournitures étaient de deuxième* « *qualité.* »

Il ne s'agit pas de savoir si nos actes commerciaux sont couverts par la sanction donnée par M. le Ministre : à cet égard nous n'avons pas d'inquiétude ; mais il s'agit de moralité et d'habileté à nous procurer des marchés avantageux. Il est impossible que, mieux éclairé, M. Daussel ne rapporte pas des épithètes que rien ne justifie et qui frappent injustement d'honnêtes gens.

Nous avons prouvé que le bétail fourni par nous pesait 561 kilogrammes en moyenne par tête, tandis que les autres fournisseurs avaient donné du bétail d'un poids moyen bien au-dessous ; mais puisque c'est le prix de 95 centimes, et non celui de 1 fr. 05, payé à d'autres fournisseurs, que le Rapporteur prend pour type de comparaison et de base d'évaluation, suivons-le sur ce terrain.

Il est bien constaté, par le tableau donné par M. Daussel lui-même, que notre marchandise pesait de 68 à 70 kilogrammes par tête, de plus, que celle des autres fournisseurs ; la bonne, la première qualité, a donc été fournie par MM. Borde et Tellenne, c'est irréfutable. Comment se fait-il que M. le Rapporteur, pour conclure à la deuxième qualité pour certains marchés, se soit appuyé sur l'infériorité du poids et en ait donné le chiffre, tandis que dans le rapport qui nous concerne il a omis, tout en conservant des conclusions semblables, de citer le poids moyen de nos fournitures s'élevant à 561 kilogrammes ?

Si ce n'est là une erreur de M. le Rapporteur, on peut alors s'écrier : Où est donc la justice !

Oui, nous avons fourni, sans y être tenus, la meilleure marchandise arrivée sur les marchés de Paris, même y compris celle de MM. Cardon et Rollin ; les vaches ont été exclues de nos fournitures, tandis que ces messieurs, quoique ayant le monopole du marché de Paris, ont fourni de la marchandise très-inférieure à la nôtre, bœufs et vaches sans exception.

Il est donc juste de mettre de côté cette partie de la critique du Rapporteur qui nous attribue 536,000 francs de bénéfice pour différence de qualité. C'est le contraire qui s'est produit : au lieu d'augmenter nos bénéfices, cela les diminue d'autant, ce qui constitue une erreur matérielle de 672,000 francs dans les appréciations de M. le Rapporteur ; car, se basant sur un principe faux, il n'a pu aboutir qu'à l'inconséquence.

Il est donc prouvé, avéré et indiscutable que la bonne qualité a été donnée par nous.

M. le Rapporteur se trompe encore en établissant le compte bénéfices, lors qu'il prend la différence de 20 centimes qui existe entre le prix de 95 centimes et celui de 1 fr. 15 payé à MM. Borde et Tellenne.

Pourquoi, la qualité étant supérieure, ne pas prendre le chiffre de 1 fr. 05 accordé à d'autres ? Car il ne faut pas oublier que nous avons traité après MM. Cardon et Rollin, et que, au fur et à mesure qu'on approchait de l'investissement, les fournisseurs sérieux augmentaient leurs prétentions, en raison des risques à courir. Ce n'est donc qu'un écart de 10 centimes par kilogrammes qui existe, soit 536,000 francs au lieu de un million ; et, si on tient compte des risques courus et de la différence de qualité fournie par nous, que deviennent donc les profits exagérés ?

Mais, puisqu'il s'agit de s'expliquer ici sur tous les points du rapport qui nous concernent, qu'on nous permette de trouver étrange à notre tour, que M. le Rapporteur qui s'est donné la peine de faire un tableau des quantités fournies, du prix et du poids, n'ait pu se procurer celui du bétail acheté par MM. Cardon et Rollin.

A cet égard il ajoute :

« Quant à comparer leurs livraisons avec celles des autres fournisseurs, on ne
« peut le faire d'une manière complète. Leurs animaux n'ayant pas été pesés, le
« prix du kilogramme ne peut être déterminé ; mais les agents du marché en ont
« constaté la bonne qualité, et cependant les prix par tête sont inférieurs à ceux
« payés à d'autres fournisseurs. »

Hé bien , ce que M. le Rapporteur n'a pas pu faire pour éviter la comparaison exacte, nous allons tenter de l'établir nous-mêmes, en puisant dans ses propres chiffres.

Si le lecteur du rapport officiel prenait au sérieux une pareille assertion, il risquerait bien de se tromper. Dire que les prix par tête sont inférieurs *à ceux payés à d'autres fournisseurs*, quand on ne *peut justifier du poids*, *c'est un terme de comparaison illusoire*. Véritablement on est surpris que M. l'Inspecteur de la Villette n'ait pas fait contrôler les achats de MM. Cardon et Rollin par le pesage , seul moyen de savoir si on avait bien ou mal opéré. A ce sujet qu'on nous laisse entrer un instant dans l'hypothèse que ces messieurs n'ayant pu faire des miracles , ont payé 95 centimes chiffre que M. le Rapporteur admet comme étant *rationnel*. Voici dans ce cas comment se décomposerait leur fourniture par rapport à celle de MM. Borde et Tellenne.

MM. Cardon et Rollin ont fourni 25,078 têtes de bœufs ou vaches ; ils ont reçu 11,069,460 francs ; le prix moyen par tête s'est élevé à 479 fr. 459, y compris la commission.

Mais pour établir un compte exact, il faut déduire des 11,069,460 francs, les 25 francs de commission accordés par tête, soit 576,950 francs ; ce qui réduit le prix payé pour le bétail à 10,488,010 francs qui, divisés par 25,078 têtes, nombre fourni par ces messieurs, donnent un prix par tête de 454 fr. 459 millièmes. En divisant ce dernier chiffre par 95 centimes, prix du kilogramme admis par M. Daussel, en obtient un poids moyen de 478 kilogrammes 57 par tête au lieu de 561 que pèsent les bœufs fournis par MM. Borde et Tellenne ; soit une différence en notre faveur de 82 kilogrammes.

La commission brute de 25 francs par tête, sans connaître d'autres frais de personnel, probablement fourni par l'État, porterait le prix par kilogramme à 1 fr. 02 ; ce ne serait donc plus 20 centimes d'écart, mais seulement 148 millièmes. Si on déduit de ce chiffre 10 centimes donnés par M. le Rapporteur pour la différence de qualité, il ne reste d'écart entre les fournisseurs Cardon et Rollin et Borde et Tellenne que 048 millièmes, soit en chiffre rond 5 centimes qui, multipliés par le nombre de kilogrammes fournis, établissent un écart entre les deux traités de 168,300 francs seulement.

Si notre raisonnement paraît faux, que les agents de l'Etat, en la personne de MM. Cardon et Rollin, livrent leurs pièces de pesage, et justifient le prix de revient du kilogramme, et alors la comparaison qu'on a voulu établir passera *du doute à l'évidence.*

Nous n'avons donc pas grevé l'État de un million, comme il a été dit ; et, quand on a exposé deux millions et sorti 1,200,000 francs par caisse, le public peut apprécier si, en raison des circonstances, nous n'avons pas consenti un contrat dangereux.

Il est évident que le bénéfice n'est pas à la hauteur du risque couru.

Nous assimiler à MM. Cardon et Rollin, c'est injuste, car le public ignore que ces messieurs qui n'ont *ni avancé ni risqué un centime, ont gagné 576,950 francs, rien que sur les bœufs* (1). Les caisses de l'État étaient à leur disposition et le Gouvernement était responsable de leurs actes (2) ; ils possédaient le monopole

---

(1) Le total des sommes encaissées par MM. Rollin et Cardon à titre de commission est de 811,471 francs, qui se décomposent ainsi :

Sur les bœufs......................	576,950 fr.
Sur les moutons,.................	160,817
Sur les porcs	73,704
Total	811,471 fr.

Ces chiffres sont tirés du rapport de M. Daussel, page 9.

(2) DÉPOSITION DE M. CLÉMENT DUVERNOIS :

M. LE PRÉSIDENT. — N'est-ce pas du marché Tellenne que vous voulez parler ?
M. CLÉMENT DUVERNOIS. — C'est cela. Eh bien, ces marchés-là ont été contractés dans les conditions que j'indique.
Maintenant, le système très-bien employé par M. Cardon présentait cependant, dans l'application, une difficulté que la commission appréciera. C'était le paiement. *Ces*

du marché de Paris et ils ont reçu 25 francs de commission, par tête, quelle qu'en fût la qualité et la valeur, ce qui leur est payé en temps ordinaire de 3 à 5 francs, et on appelle cela « un concours patriotique. »

Si le hasard a favorisé MM. Cardon et Rollin, qu'on ne vienne pas se servir d'un pareil marché pour jeter un blâme aussi éclatant qu'imprudent sur ceux qui se sont loyalement acquittés de leur mandat.

messieurs étaient des commissionnaires; ils n'achetaient pas pour leur compte. Eh bien, ces commissionnaires ne pouvaient pas, quand ils achetaient une tête de bétail, obtenir crédit; c'était impossible. Il fallait *payer cette tête de bétail;* et la commission, qui est au courant des affaires de finances, comprendra que sur un grand nombre de points en France il y a eu des sommes avancées par le Trésor pour l'acquisition du bétail sur les marchés. Il a fallu faire au Ministère de la Guerre des *tours de force de comptabilité, si bien que le système a failli échouer le premier jour.*

Il aurait été matériellement impossible de continuer l'approvisionnement dans ces conditions. Voulant lui donner une plus grande extension, je n'aurais pas pu avoir les ressources indispensables; on n'aurait pas pu me fournir le nécessaire; et cela a été très-difficile, même pour les opérations restreintes qui ont été faites.

CONCLUSION.

Dans ce mémoire que nous avons essayé de faire aussi succinct que possible, nous espérons avoir réfuté victorieusement les griefs exposés contre nous par M. Daussel.

Nous avons la confiance que M. le Rapporteur, mis en garde par ces explications contre les renseignements erronés qui lui ont été fournis, verra dans le marché qui nous a été consenti, un contrat justifié par la situation dans laquelle il a été formé et les clauses qui le régissaient, et qu'il voudra bien reconnaître qu'il a été loyalement et honnêtement rempli.

Au besoin nous en appelons du Rapporteur à l'Assemblée nationale.

BORDE, TELLENNE et BARNÉOUD.

Aix. Imprimerie J. Nicot, Cours 55. — 697.